essentials

essentials liefern aktuelles Wissen in konzentrierter Form. Die Essenz dessen, worauf es als „State-of-the-Art" in der gegenwärtigen Fachdiskussion oder in der Praxis ankommt. *essentials* informieren schnell, unkompliziert und verständlich

- als Einführung in ein aktuelles Thema aus Ihrem Fachgebiet
- als Einstieg in ein für Sie noch unbekanntes Themenfeld
- als Einblick, um zum Thema mitreden zu können

Die Bücher in elektronischer und gedruckter Form bringen das Expertenwissen von Springer-Fachautoren kompakt zur Darstellung. Sie sind besonders für die Nutzung als eBook auf Tablet-PCs, eBook-Readern und Smartphones geeignet. *essentials:* Wissensbausteine aus den Wirtschafts-, Sozial- und Geisteswissenschaften, aus Technik und Naturwissenschaften sowie aus Medizin, Psychologie und Gesundheitsberufen. Von renommierten Autoren aller Springer-Verlagsmarken.

Weitere Bände in dieser Reihe http://www.springer.com/series/13088

Andreas Gadatsch · Markus Mangiapane

IT-Sicherheit

Digitalisierung der Geschäftsprozesse und Informationssicherheit

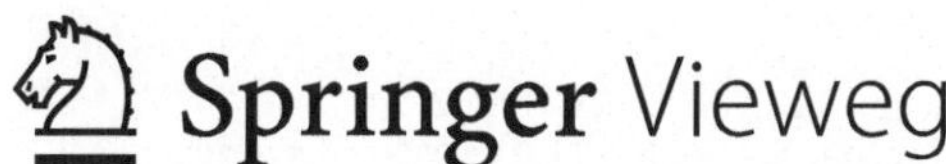

Andreas Gadatsch
Sankt Augustin, Deutschland

Markus Mangiapane
St. Gallen, Schweiz

ISSN 2197-6708
ISSN 2197-6716   (electronic)
essentials
ISBN 978-3-658-17712-6
ISBN 978-3-658-17713-3   (eBook)
DOI 10.1007/978-3-658-17713-3

Die Deutsche Nationalbibliothek verzeichnet diese Publikation in der Deutschen Nationalbibliografie; detaillierte bibliografische Daten sind im Internet über http://dnb.d-nb.de abrufbar.

Springer Vieweg
© Springer Fachmedien Wiesbaden GmbH 2017

Gedruckt auf säurefreiem und chlorfrei gebleichtem Papier

Springer Vieweg ist Teil von Springer Nature
Die eingetragene Gesellschaft ist Springer Fachmedien Wiesbaden GmbH
Die Anschrift der Gesellschaft ist: Abraham-Lincoln-Str. 46, 65189 Wiesbaden, Germany

Was Sie in diesem *essential* finden können

- Kompakter Einstieg in IT-Sicherheit, Digitalisierung und den Bezug zu Geschäftsprozessen
- Überblick über vier Dimensionen der IT-Sicherheit
- Beispiele für Sicherheitsanforderungen
- Praxistipps für eine Schutzbedarfsanalyse

Vorwort

Digitalisierung und Prozessmanagement sind nur auf den ersten Blick gegensätzlich. Digitalisierung ist ein Megatrend, Prozessmanagement seit den 1990ern eine Daueraufgabe. Durch die Digitalisierung erhalten wir neue Möglichkeiten, um seit langem etablierte Prozesse von Grund auf neu zu gestalten. Leider hat die Digitalisierung auch ihre Schattenseite: Wenn man global von jedem Punkt der Welt per Browser einen Prozess nutzen kann, so kann man auch jederzeit von jedem Ort aus diesem Prozess schaden, ihn möglicherweise stoppen, den Ablauf verändern, Daten manipulieren oder Daten (ggf. unentdeckt) entwenden. Hier kommt die IT-Sicherheit ins Spiel, sie ist die Basis zur Realisierung digitaler Prozesse. Das vorliegende Essential erläutert grundlegende Begriffe der Digitalisierung und betrachtet verschiedene Dimensionen der IT-Sicherheit, ohne die digitale Geschäftsmodelle und -prozesse nicht realisierbar sind. Praxistipps runden die Ausführungen ab.

Sankt Augustin, Deutschland   Andreas Gadatsch
Sankt Gallen, Schweiz   Markus Mangiapane
Januar 2017

Inhaltsverzeichnis

Was bedeutet Digitalisierung?

1

Wirtschaftliche Prozesse finden zunehmend digital statt. Die jüngsten Entwicklungen werden kaum noch als innovativ wahrgenommen, sie sind wie z. B. Location Based Services mittels Smartphone-App Bestandteil des täglichen Lebens. Aktuelle IT-Megatrends wie Industrie 4.0, Big Data, Cloud-Computing und Social Web vermischen sich zum globalen Megatrend Digitalisierung (vgl. Abb. 1.1).

Obwohl die Digitalisierung schon in vielen Bereichen allgegenwärtig ist, scheint sie aber in den Unternehmen noch nicht durchgängig „angekommen" zu sein. Die Hochschulen Koblenz und Bonn-Rhein-Sieg haben in ihrem „IT-Radar

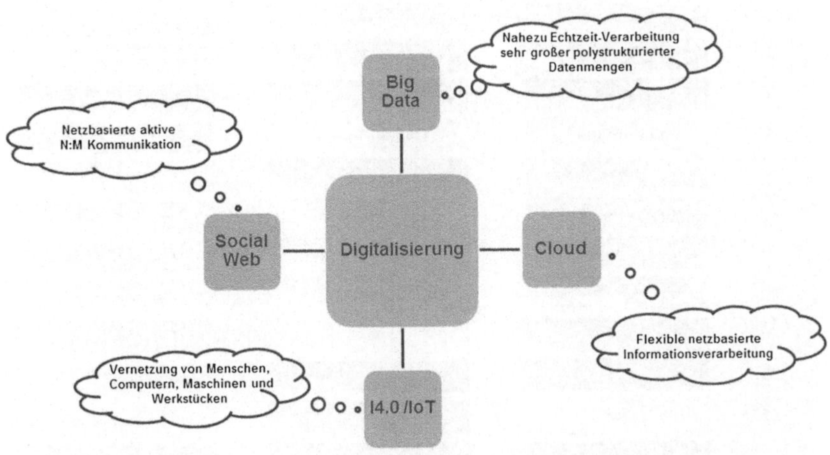

Abb. 1.1 Digitalisierung als globaler Megatrend

© Springer Fachmedien Wiesbaden GmbH 2017
A. Gadatsch und M. Mangiapane, *IT-Sicherheit,* essentials,
DOI 10.1007/978-3-658-17713-3_1

für Business Process Management (BPM) und Enterprise Resource Planning (ERP)" aktuelle und zukünftige Trends mit Bezug zur Informationsverarbeitung untersucht (vgl. Komus et al. 2016). Beim aktuellen Erhebungszyklus (2015/2016) haben über 50 % Teilnehmer aus Anwenderunternehmen, ca. 1/3 IT-Anbieter und ca. 1/6 Hochschulvertreter an der Studie teilgenommen. Als wichtigste Einflussfaktoren dominieren IT-Sicherheit und „Klassiker" wie Compliance, Prozessintegration und Governance. Die häufig diskutierten Megatrends wie „Big Data" und „Industrie 4.0" sind bei den aktuellen Themen nicht unter die Top 10 gelangt, die „Digitalisierung" liegt auf Rang 12 (vgl. Abb. 1.2). Hier zeigt sich eine Lücke zwischen der allgemeinen Diskussion dieser Zukunftsthemen und der aktuellen Bedeutung im Tagesgeschäft.

Bei den Zukunftsthemen dominieren die Themen „IT-Sicherheit" und „Compliance", gleichzeitig sind aber mit den Themen „Digitalisierung", „Mobile", „Agile Methoden", „Business Intelligence", „Big Data" und „Industrie 4.0" eine Vielzahl von Zukunftsthemen unter den Top 12. Das Thema Digitalisierung ist auf Platz 5 positioniert (vgl. Abb. 1.3). Die Trends „Big Data" und „Industrie 4.0" verzeichnen nach dieser Studie den größten Zuwachs an Bedeutung zwischen aktueller und zukünftiger Einschätzung.

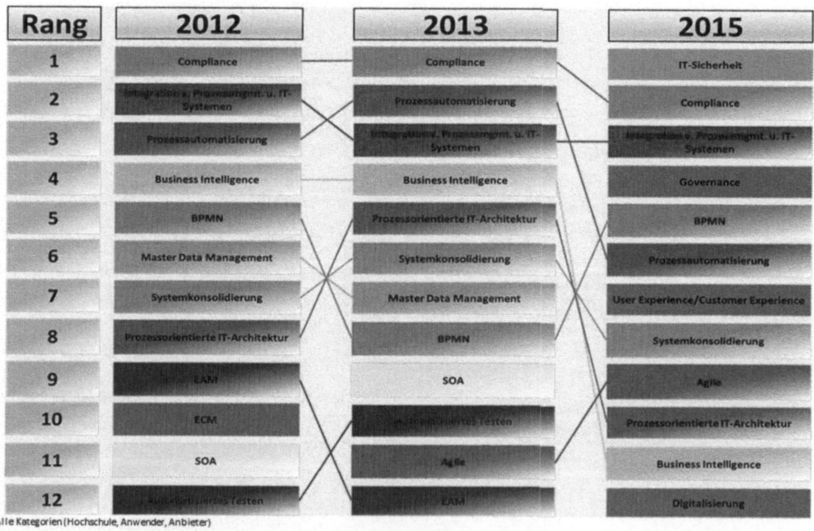

Abb. 1.2 Aktuelle IT-Trends. (Komus et al. 2016)

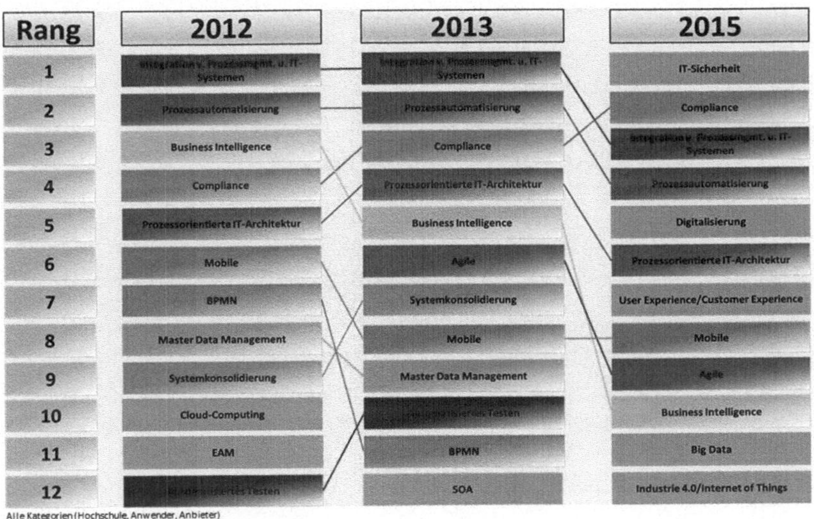

Abb. 1.3 Zukünftige IT-Trends. (Komus et al. 2016)

Sicht auf Geschäftsprozesse

Eine wissenschaftliche Studie zu Erfolgsfaktoren des Geschäftsprozessmanagements der Hochschule Bonn-Rhein-Sieg, der Hochschule Koblenz sowie der Wirtschaftsuniversität Wien haben ergeben, dass die Relevanz aktueller Themen sich stark auf Geschäftsmodelle in den Unternehmen auswirkt. Mit knapp 83 % weist die Digitalisierung eine hohe Zustimmung bei den Teilnehmern auf (Gadatsch et al. 2016, S. 76). Vor einer Digitalisierung der Prozesse muss daher die Strategie geklärt werden, weil Digitalisierung eng mit Geschäftsmodellen und diese wiederum mit Geschäftsprozessen vernetzt sind. Leider sind die vermeintlich „technischen" Themen der Digitalisierung noch nicht durchgängig zur Chefsache geworden (vgl. Lixenfeld 2016). Es ist nicht notwendig eine „Digitalisierungsstrategie" zu entwerfen, aber die Unternehmensleitung sollte die „Digitalisierung" als „Chefsache" betrachten und mit interdisziplinären Teams vorantreiben (vgl. Lixenfeld 2016). Das heißt, dass die Digitalisierung Teil der allgemeinen Geschäftsstrategie sein muss. Prozessmanager müssen die Digitalisierung nicht als Technologie, sondern als Querschnittstrend begreifen, der für die Prozessveränderung innovativ genutzt werden kann (Gadatsch 2016, S. 64).

Die Digitalisierung erfordert neue organisatorische Konzepte, da traditionelle Organisationsformen nicht auf agile Veränderungsprozesse ausgerichtet sind, sondern eher stabile langfristig planbare Prozesse unterstützen. Nach einer Studie des World Economic Forum (2016) gehen durch Zukunftstechnologien bis 2020 weltweit nicht nur 7,1 Mio. Arbeitsplätze (davon 5,1 Mio. Routinetätigkeiten im Büroumfeld) verloren, sondern es entstehen auch neue Arbeitsplätzen mit völlig anderen Anforderungen in Bereichen wie Engineering, Mathematik und IT. Demnach werden auch Tätigkeiten im Vertrieb komplexer, da die Produkte immer erklärungsbedürftiger werden. Zudem wird in Zukunft die klassische Hierarchie an Bedeutung verlieren. Scheer (2016, S. 58) geht davon aus, dass die

© Springer Fachmedien Wiesbaden GmbH 2017
A. Gadatsch und M. Mangiapane, *IT-Sicherheit*, essentials,
DOI 10.1007/978-3-658-17713-3_2

Welt „flach" wird, d. h. die Hierarchien abgebaut werden. Die Kommunikationsprozesse laufen weitgehend unter Umgehung der Führungskräfte ab, zwischen Menschen auf der operativen Ebene (Sachbearbeiter im Unternehmen A mit Projektmanager im Unternehmen B), Menschen und Maschinen (Mensch bestellt ein Taxi per App) sowie Maschinen und Maschinen (Transportbehälter meldet dem Dispositionssystem, dass er leer ist). Dies erfordert eine Intensivierung der Prozessdokumentation, da diese das organisatorische „Gedächtnis" des Unternehmens darstellt (vgl. Scheer 2016, S. 59).

IT-Organisation „bimodal" anpassen
Die Digitalisierung hat im Bereich der IT-Organisation längst zu starken Veränderungen geführt wenngleich noch einige Fragen erneut zur Disposition stehen. Im Grunde genommen dreht sich die Diskussion um die Fragen, ob die klassischen IT-orientierten Rollen ausgedient haben. Brauchen wir also noch einen IT-Leiter, einen Chief Information Officer oder einen Chief Process Officer?

War der primäre Fokus des klassischen IT-Leiters (Leiter der betrieblichen Datenverarbeitung) noch die Bereitstellung von technischen Ressourcen, hat sich der CIO (Leiter des betrieblichen Informationsmanagements) zum ganzheitlichen Dienstleister entwickelt, der den Anwender über den gesamten Lebenszyklus von Informationssystemen hinweg begleitet.

Der CIO steht nach Meinung der Analystin Nicole Dufft vom Marktforschungsunternehmen PAC auch weiter als Gesamtverantwortlicher im Unternehmen für die Koordination der Digitalisierung in der Verantwortung, muss aber mit den Betroffenen eine übergreifende Strategie entwickeln (vgl. Buxton 2015).

Eine weitere Frage, die in der jüngeren Vergangenheit aufgeworfen wurde ist, ob ein Unternehmen einen CDO (Chief Digital Officer) benötigt oder ob der „klassische" CIO diese Rolle mit übernehmen kann. Dahinter steht die Diskussion der zwei Geschwindigkeiten in der IT-Organisation von Unternehmen (Slow IT vs. Fast IT), welche vom Analystenhaus Gartner angestoßen wurde und als *„bimodale IT"* bezeichnet wird (vgl. Gartner 2015).

CEOs haben demnach erkannt, dass die Kundenanforderungen eine immer höhere „Taktrate" haben, als sie die interne IT realisieren kann. Daher erwägen sie eine Trennung der IT-Rollen in eine Slow IT (klassische IT) und eine Fast IT (kundenorientierte und kommunikative Prozesse). Eine mögliche Lösung besteht in der Rollentrennung. Der CIO ist verantwortlich für das „Brot- und Buttergeschäft", d. h. die hoch standardisierten IT-Prozesse für Operations, HR, Finance etc. Der *Chief Digital Officer (CDO)* ist verantwortlich für Prozesse mit schnell veränderlichen Anforderungen, insbesondere in Bereichen wie Kundenmanagement, Kommunikation (intern/extern) und Social Media.

Die Unterschiede der beiden Rollen sind in Tab. 2.1 dargestellt.

Die Frage der organisatorischen Ausgestaltung zweiter IT-affiner Rollen im Unternehmen (CIO, CDO) ist noch offen. Denkbar sind die in Abb. 2.1 dargestellten Basis-Szenarien (vgl. Baur 2014, S. 187).

Ansatz 1: CIO und CDO sind gleichberechtigt

Beide Positionen sind dem Chief Executive Officer (CEO) gleichrangig unterstellt. Die Aufgaben müssen in diesem Fall bestmöglich abgegrenzt werden, denn nicht alles was IT ist, gehört zum CIO-Bereich. Konflikte sind daher zu erwarten. Zudem gibt es ein Imageproblem für die Mitarbeiter im CIO Bereich, da

Tab. 2.1 Slow IT versus Fast IT

	Slow IT	Fast IT
Rolle	CIO	CDO
Ziel	• Unterstützung stabiler und längerfristig genutzter Unternehmensprozesse	• Unterstützung sich schnell wandelnder Unternehmensprozesse
Themen	• ERP, Data Warehose/Business Intelligence, Interne Logistik, Human Resources, Finanzen, Controlling, • Arbeitsplatzmanagement/E-Mail	• Kundenmanagement & Kundenlogistik • Social Media Einsatz • Interne/Externe Kommunikation
Arbeitsweise	• Traditionell und sequenziell • Wichtig sind die Zuverlässigkeit und Sicherheit der Applikationen in Entwicklung und im Betrieb	• Experimentell und nichtlinear • Wichtig sind Flexibilität und Geschwindigkeit der Entwicklung und Nutzung
IT-Governance	• Sicherstellung stabiler Systeme, d. h. Dauerhaftigkeit geht vor Tempo • Einsatz bewährter Standards • Schutz vor Angriffen	• Sicherstellung sicherer Kommunikation • Schnelligkeit geht vor Dauerhaftigkeit
Methoden	• Klassisches Projekt- und Prozessmanagement und Software-Engineering • Projektstrukturplan, GANTT-Diagramm • Wasserfallmodell, V-Modell • Prozessmodellierung (eEPK, BPMN)	• Agile Methoden des Projekt- und Prozessmanagements und Software-Engineering • Spiralmodell (Prototyping) • Scrum (User-Story, Taskboard, Produkt-Backlog, Sprint-Backlog)

Gegenüberstellung der Konzepte „Slow IT" und „Fast IT" im Kontext der Rollenausprägung

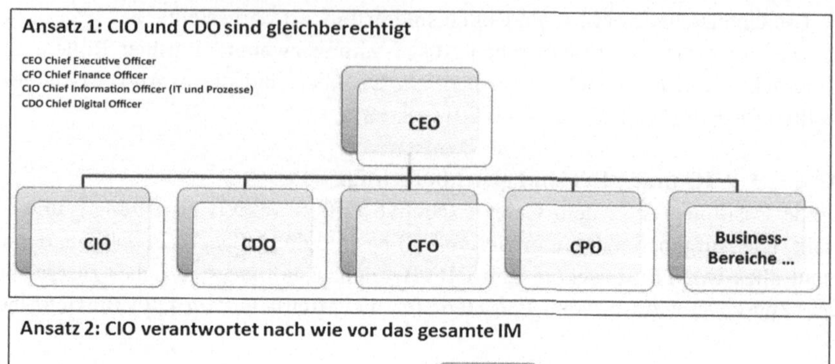

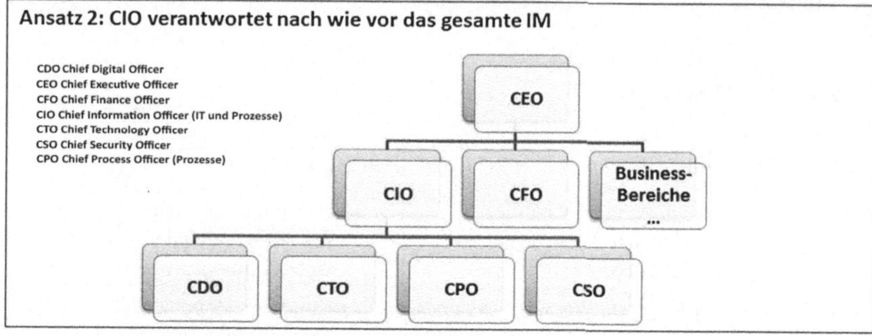

Abb. 2.1 Organisationsformen für Fast IT und Slow IT. (Arnd Baur, IT-Turnaround, Managementleitfaden zur Restrukturierung der IT, München, 2014, S. 187)

sie für „alte Software" verantwortlich sind und der CDO-Bereich die „schickeren Themen" betreut. Allerdings bietet dieser Ansatz dem CDO weitgehend flexible Arbeitsmöglichkeiten und der CIO wir nicht permanent mit Anfragen nach schnell zu entwickelnden Applikationen konfrontiert.

Ansatz 2: CIO verantwortet nach wie vor das gesamte Informationsmanagement

Bei diesem Modell liegt die gesamte Verantwortung für das Informationsmanagement (IM) wie bisher in einer Hand. Die Fast IT-Organisation (CDO) ist Teil der klassischen CIO-Organisation. Bei dem Modell können Ressourcen flexibler zugeordnet werden und die Nachteile des vorigen Ansatzes entfallen. Hierbei kommt es aber darauf an, eine gute Balance zu finden zwischen stabiler Backoffice-IT und den schnell zu realisierenden Themen.

Vorgehensweise bei der Geschäftsprozessdigitalisierung

3

Grundproblem der Digitalisierung

Bei der Digitalisierung von Prozessen kommt es in erster Linie auf die sinnvolle Vorbereitung und Vorgehensweise an. Um es mal in Anlehnung an Thorsten Dirks, CEO Teléfonica Deutschland AG, plastisch auszudrücken: Wenn sie einen Scheißprozess digitalisieren, dann haben sie einen scheiß digitalen Prozess (Fritzges 2015).

Agiles Prozessmanagement versus klassisches Prozessmanagement

Analog der bimodalen IT-Organisation sind Prozesse in zwei Kategorien zu unterstellen: Stabile Regelprozesse für das Kerngeschäft mit sehr hohen Sicherheitsanforderungen und agile Prozesse für sich schnell verändernde Bereiche, die sich an volatile Kundenanforderungen ausrichten müssen und ggf. geringere Sicherheitsanforderungen haben können.

Das klassische Prozessmanagement erfasst und dokumentiert dauerhaft Prozesse mithilfe von Modellierungswerkzeugen und grafischen Notationen wie BPMN oder eEPK (vgl. hierzu Gadatsch 2015). Automatisierbare Prozesse werden mithilfe von Business Process Management-Systemen gesteuert. Beispiele für derartige Prozesse lassen dort finden, wo stark arbeitsteilige, wiederholte Aufgaben nach einem vorhersehbaren Muster ausgeführt werden müssen, z. B. Auftragsbearbeitung, Jahres- oder Monatsabschluss.

Prozesse, die schnellen Veränderungen unterliegen, müssen prototypingorientiert mithilfe agiler Elemente umgestaltet und gesteuert werden. Beispiele sind kreative Prozesse wie Strategie oder Produktentwicklung. Wegen der häufig nur künstlich darstellbaren Trennung von IT-Management und Prozessmanagement bewirkt die Digitalisierung ein Zusammenwachsen der Aufgaben des

© Springer Fachmedien Wiesbaden GmbH 2017
A. Gadatsch und M. Mangiapane, *IT-Sicherheit,* essentials,
DOI 10.1007/978-3-658-17713-3_3

Chief Process Officers (Leiter Prozessmanagement) und des CIO zum Chief Information and Process Officer (CIPO). Als Beispiel hierfür lässt sich die Deutsche Lufthansa anführen, die beide Aufgaben schon länger zusammengelegt hat (vgl. Zeitler 2012; Klostermeier 2015) und sich hiervon vor allem mehr Effizienz verspricht.

Was bedeutet die Digitalisierung für Unternehmen?

4

4.1   Digitalisierungsgrad nach Branchen

Die Digitalisierung wird u. a. durch die stetig verbesserten Internettechnologien vorangetrieben. Ihr „Zauber" entsteht aus den neuen Möglichkeiten, die im privaten und im geschäftlichen Umgang nutzbar sind.

Der Mehrwert für Unternehmen resultiert aus der Verknüpfung, Analyse und Bereitstellung von großen Datenmengen. Der alte Slogan „Geht nicht, gibt's nicht" wird allgemeingültig. Geschäftsmodelle und Prozesse werden zunehmend datengetrieben und somit flexibel auf die individuellen Bedürfnisse ausgerichtet.

Die Statistik in Abb. 4.1 zeigt, dass die Digitalisierung bereits in den unterschiedlichsten Branchen Einzug gehalten hat und die Unterschiede nicht so groß sind, wie erwartet.

Auf die jeweiligen Unternehmensbereiche heruntergebrochen sieht man auch hier sehr deutlich, dass die Nutzung IT-gestützter Prozesse bereits das ganze Unternehmen durchdrungen hat (vgl. Abb. 4.2).

4.2   Ausbreitung der Digitalisierung

Es existieren unterschiedliche Ansätze für Unternehmen, die Digitalisierung für sich zu nutzen. Einerseits geht es um die Optimierung der internen Prozesse. Hier werden die Geschäftsprozesse eines Unternehmens möglichst effektiv und effizient abgebildet. Das heißt, es wird eine möglichst hohe IT-Durchdringung der Prozesse mit einem möglichst hohen Automatisierungsgrad und wenig Medienbrüchen angestrebt. Auf der anderen Seite ist mit dem Begriff der Digitalisierung eine unerschöpfliche Anzahl von Möglichkeiten denkbar, mit denen das Unternehmen seine Geschäftsmodelle weiterentwickeln kann (vgl. Abb. 4.3).

© Springer Fachmedien Wiesbaden GmbH 2017

A. Gadatsch und M. Mangiapane, *IT-Sicherheit,* essentials,

DOI 10.1007/978-3-658-17713-3_4

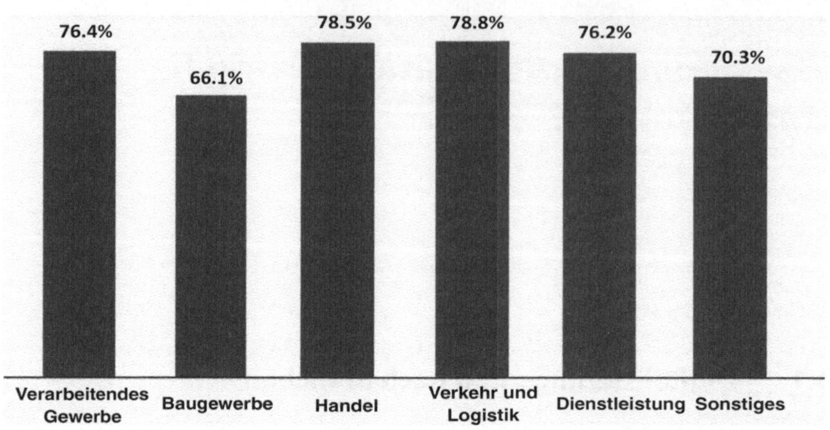

Abb. 4.1 Bedeutung der Digitalisierung für Unternehmen

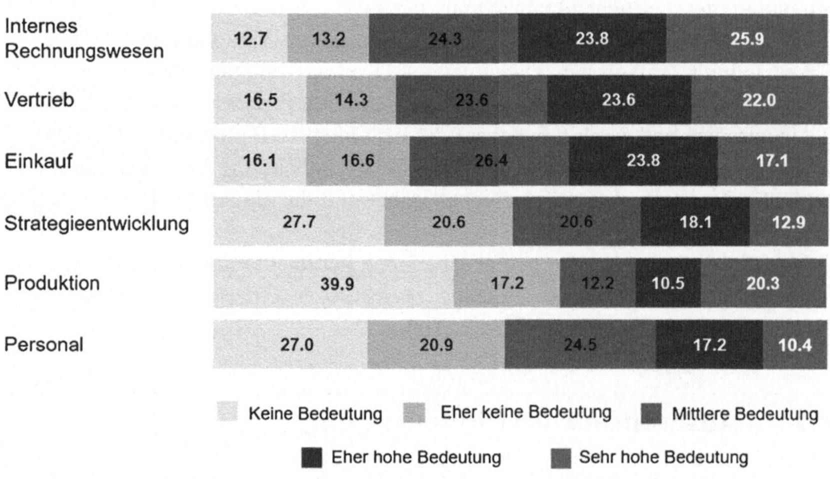

Abb. 4.2 Bedeutung der Digitalisierung innerhalb des Unternehmens

Mit der Digitalisierung lassen sich mehr und mehr auch digitale Kundenerlebnisse (Customer Experience) generieren, welche die Kundenbindung erhöhen sollen und für mehr Umsatz und Gewinn sorgen.

Möchte sich ein Unternehmen vollständig auf digitale Geschäfte ausrichten, sind hier mehrere und tief greifender Maßnahmen erforderlich. Hier geht vor allem um die Entwicklung von neuen Geschäftsmodellen und Digitalisierungsstrategien.

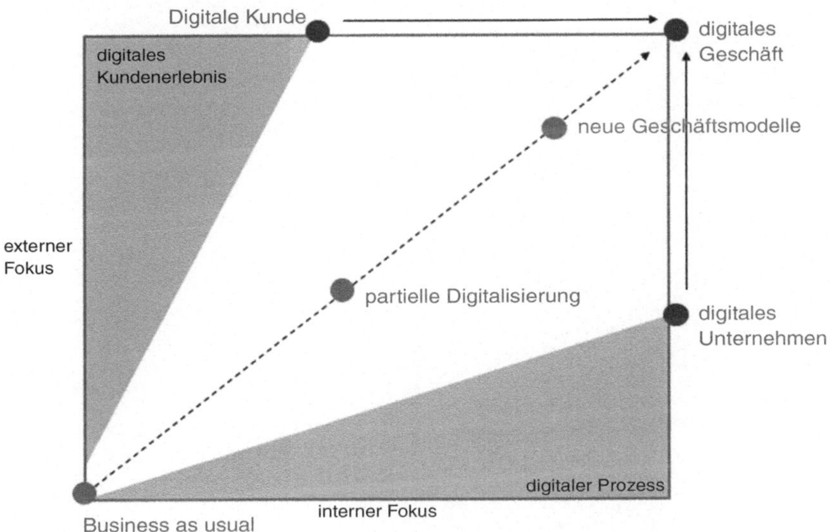

Abb. 4.3 Ausbreitung der Digitalisierung

Strategie	Produkt	Vertrieb	Prozess	
Digitale Transformation in der Strategie	Digitale Transformation beim Produkt	Digitale Transformation im Vertrieb und des Kundenerlebnisses	Digitale Transformation der Unternehmensfunktionen und -prozesse	Kerngeschäft
Erkenne «digital» als einen entscheidenden Trend für das eigene Geschäft und die Branche	Designe mithilfe digitaler Technologien und innovativer Ansätze	Engagiere und erreiche Kunden mit digitalen Mitteln	Bewerte den Zustand der digitalen Kultur, der Cyber-Infrastruktur und des Leistungsvermögens	Handlungs-felder
Plane Strategien und Budgets für die Digitalisierung	Erstelle digitale und digitalisierte Produkte und Dienstleistungen	Verkaufe mittels vielfältiger integrierter Kanäle und Touchpoints	Verbessere die operative Effizienz durch digitale Anwendungen	
Handle, um Digitalisierung innerhalb und ausserhalb der eigenen Organisation zu verstärken	Betreibe optimierte Aktivitäten mit Lieferanten mithilfe digitaler Lösungen	Bediene Kunden, um sichere und nahtlose Aftersales-Erfahrungen zu ermöglichen	Erneuere Ressourcen mit digitalen Mitteln	

Abb. 4.4 Digitaler Index Ansatz

Als Hilfestellung für die Ausrichtung eines Unternehmens, ist in Abb. 4.4 ein Ansatz, der Digitale-Index, aufgeführt.

Abhängigkeit der Unternehmen von der IT

5

Das Thema IT-Sicherheit wird für Unternehmen immer wichtiger. Parallel hierzu kann jedoch gleichermaßen ein weiteres Phänomen beobachtet werden. Das Management fühlt sich vermehrt hilflos und braucht immer häufiger die Unterstützung von Fachspezialisten, um Risiken richtig einzuordnen. Die Gründe hierfür sind vor allem:

- Für Manager ist das Risiko unzureichender IT-Sicherheit schwer zu bewerten
- Umfang und Wahrscheinlichkeit eines Sicherheitsvorfalls sind schwer zu qualifizieren
- Die Komplexität und das Zusammenspiel der jeweiligen Systeme sind für das Management wenig transparent
- Kurz- und langfristige negative Auswirkungen unzureichender IT-Sicherheit sind nicht immer sofort ersichtlich

Als eine kleine Hilfestellung ist in Tab. 5.1 eine Auswahl von kurz- und langfristigen Auswirkungen unzureichender IT-Sicherheit aufgelistet.

© Springer Fachmedien Wiesbaden GmbH 2017
A. Gadatsch und M. Mangiapane, *IT-Sicherheit*, essentials,
DOI 10.1007/978-3-658-17713-3_5

Tab. 5.1 Kurz- und langfristige Auswirkung unzureichender IT-Sicherheit

Kurzfristige Auswirkung	Langfristige Auswirkung
Produktivitätsverlust + Kosten der Wiederherstellung + Eingeschränkte Produktivität	**Imageverlust** + Negative Medienpublikation + Verlust von 2/3 der Kunden nach einem Datendiebstahl
Direkte Kosten + Kosten für externe Experten + Ad-hoc-Nutzung neuer Technologien + Training und Ausbildung	**Rechtliche Konsequenzen** + Ansprüche gegenüber Dritten + Strafen
Umsatzverlust + Ausfall der ERP-Systeme + Website nicht verfügbar + Pönale für die Nichteinhaltung von SLAs	**Verlust von Innovationen** + Gebundene IT-Ressourcen + Reaktivität statt Innovation + Inkompatible Technologien

Vier Dimensionen der IT-Sicherheit

Für eine strukturierte Herangehensweise an das Thema IT-Sicherheit hat sich die Anwendung und Aufteilung der Thematik in vier Dimensionen etabliert.

▶ **Die vier Dimensionen der IT-Sicherheit**

- Verfügbarkeit
- Datenexistenz
- Integrität
- Vertraulichkeit

Diese Aufteilung bietet die Möglichkeit, die einzelnen individuellen Anforderungen wesentlich besser und konkreter zu definieren und zu beurteilen.

6.1 Verfügbarkeit

Die Verfügbarkeit von Dienstleistungen, Funktionen eines IT-Systems, von IT-Anwendungen oder IT-Netzen oder auch von Informationen ist vorhanden, wenn diese von den Anwendern, stets wie vorgesehen genutzt werden können.

Die Verfügbarkeit ist ein Maß für die Wahrscheinlichkeit, dass ein System zu einem bestimmten Zeitpunkt eine geforderte Leistung erbringt. In der Informationstechnik und der Datenübertragung ist die Verfügbarkeit von Daten ein wirtschaftlicher Aspekt.

Die Verfügbarkeit kann sich gleichermaßen auf Systeme und deren Funktionalität und auf Daten oder Informationen beziehen. Zwischen der Verfügbarkeit und der Leistungssteigerung besteht eine Wechselwirkung. Da bei einem Ausfall eines

© Springer Fachmedien Wiesbaden GmbH 2017

A. Gadatsch und M. Mangiapane, *IT-Sicherheit*, essentials,

DOI 10.1007/978-3-658-17713-3_6

Systems ein hoher wirtschaftlicher Schaden entstehen kann, sollten Datenverarbeitungssysteme und Kommunikationswege möglichst redundant ausgeführt sein.

Beispiele für mangelnde Verfügbarkeit
Nachfolgend einige wenige Beispiele für mangelnde Verfügbarkeit:

Beispiel

Bildzeitung 02.10.2016 – Verregneter Samstag ohne Netflix
Der Netflix-Filmabend ist für viele Serienfans gestern ins Wasser gefallen. Ausgerechnet an einem verregneten Samstagabend!

Das Portal war für zahlreiche User weltweit nicht erreichbar. Um 21 Uhr entschuldigte sich der Online-Streamingdienst offiziell auf Twitter.

Mehr als zwei Stunden lang konnten sich Netflix-Nutzer nicht einloggen. Die Probleme konnte das Unternehmen jedoch kurz vor Mitternacht mitteleuropäischer Zeit beheben.

Handelsblatt vom 02.10.2016 – Kleine Panne große Krise
… „Kunden können nicht auf ihr Guthaben zugreifen, da dieses gesperrt ist", beschwerte sich am Samstagmorgen eine Kundin beim Handelsblatt. Und: „Ich bin fassungslos, kann keine Wochenendeinkäufe tätigen, da ich weder Bargeld erhalte noch mit Karte bezahlen kann." Die Bank betont, dass es sich dieses Mal nur um eine kurze Panne gehandelt habe und nur wenige Kunden betroffen gewesen seien. Unangenehm ist die Sache trotzdem. Denn die Pannen häufen sich …

6.2   Datenexistenz

Der Verlust gespeicherter Daten kann erhebliche Auswirkungen auf den IT-Einsatz haben. Sind die Anwendungsdaten oder die Kundenstammdaten verloren oder verfälscht, so können privatwirtschaftliche Betriebe in ihrer Existenz bedroht sein. Auch im behördlichen Umfeld kann der Verlust oder die Verfälschung wichtiger Dateien die Verwaltungs- und Fachaufgaben verzögern oder sogar ausschließen.

So kann der Verlust gespeicherter Daten erhebliche Auswirkungen auf die Geschäftsprozesse und damit auf die gesamte Institution, respektive das ganze Unternehmen haben. Wenn geschäftsrelevante Informationen, egal welcher Art, zerstört oder verfälscht werden, können dadurch Geschäftsprozesse und Fachaufgaben verzögert oder sogar deren Ausführung verhindert werden. Insgesamt kann der Verlust gespeicherter Daten, neben dem Produktionsausfall und den Kosten für die Wiederbeschaffung der Daten, vor allem zu langfristigen Konsequenzen, wie Vertrauenseinbußen bei Kunden und Partnern sowie einem negativen Eindruck in der Öffentlichkeit, führen. Von den durch Datenverluste verursachten direkten und indirekten Schäden können Institutionen sogar in ihrer Existenz bedroht sein.

Beispiele für mangelhafte Datenexistenz
Nachfolgende ein Beispiel für die Auswirkung von Datenverlust:

Beispiel

ZDNet vom 01.08.2016 – Umfrage: 39 % deutscher Firmen melden Datenverlust durch Schatten-IT
39 % der deutschen Firmen haben in einer Umfrage eingeräumt, dass unbekannte Geräte oder Applikationen bei ihnen in den vergangenen zwölf Monaten zu einem Angriff mit Datenverlust führten.

Mittelstand Nachrichten vom 05.10.2015 – Datenverluste und die wirtschaftlichen Folgen für Unternehmen
In den letzten Jahren nehmen Datenverluste bei Unternehmen rapide zu und die wirtschaftlichen Folgen sind immens. Die Ursachen für einen Datenverlust sind vielfältig. Entgegen der landläufigen Meinung, spielen Naturkatastrophen nur eine untergeordnete Rolle. Etwa 75 % aller Datenverluste entstehen tatsächlich durch Fehler in der Hardware, Software oder ganz einfach durch Bedienfehler.

6.3 Integrität

Integrität bezeichnet die Sicherstellung der Korrektheit (Unversehrtheit) von Daten und der korrekten Funktionsweise von Systemen. Wenn der Begriff Integrität auf „Daten" angewendet wird, drückt er aus, dass die Daten vollständig und unverändert sind. In der Informationstechnik wird er in der Regel aber weiter gefasst und auf „Informationen" angewendet. Der Begriff „Information" wird dabei für „Daten" verwendet, denen je nach Zusammenhang bestimmte Attribute wie z. B. Autor oder Zeitpunkt der Erstellung zugeordnet werden können. Der Verlust der Integrität von Informationen kann daher bedeuten, dass diese unerlaubt verändert, Angaben zum Autor verfälscht oder Zeitangaben zur Erstellung manipuliert wurden.

Die Datenintegrität umfasst die Maßnahmen, die dafür sorgen, dass die geschützten Daten während der Verarbeitung oder Übertragung nicht beschädigt oder verändert werden können. Die Datenintegrität setzt voraus, dass an allen erforderlichen Stellen einer Datenübertragung die relevanten Daten aus einem Datenstrom rekonstruierbar sein müssen.

Im Allgemeinen kann eine Veränderung der Daten nicht verhindert werden, es kann lediglich nachträglich festgestellt werden, dass eine Veränderung der Daten stattgefunden hat. Im Falle einer Datenveränderung spricht man von einer verbindungslosen Datenintegrität, wird dagegen die Paket-Reihenfolge vertauscht, Datenpakete entfernt oder hinzugefügt, handelt es sich um eine verbindungsorientierte Integrität.

Veränderungen in den Daten oder dem Datenstrom werden mit Prüfsummen ermittelt, die ebenfalls verschlüsselt werden. Ein weiterer Sicherheitsmechanismus für die Datenintegrität ist ein Richtungsindikator, der anzeigt, ob ein Datenpaket gespiegelt und zum Absender zurückgesendet wurde. Des Weiteren können durch die Sequenznummer Veränderungen in der Paketreihenfolge erkannt werden.

Die Datenintegrität bildet in Kombination mit dem Datenschutz und der Datensicherung die Eckpfeiler einer verlässlichen Informationsverarbeitung.

Beispiele für Probleme mit der Integrität von Daten

Nachfolgend zwei Beispiele für die Auswirkung von fehlerhaften Daten:

Beispiel

20 min 14.09.2016 – Studenten erhalten falsche Noten

Die FHS St. Gallen verschickte an 60 Studenten falsche Noten. Der Fehler wurde bemerkt und korrigiert. Doch auch bei den neuen Noten gab es Probleme.

GMP-Navigator vom 10.03.2014 – Im Fokus der FDA-Inspektionen: Datenintegrität

Aktuelle FDA-Inspektionen haben einen besonderen Fokus erhalten. Die Datenintegrität, also der Nachweis, dass Daten im Original und unverfälscht vorliegen. Es ist dabei Aufgabe des Arzneimittel- oder API-Herstellers, nachzuweisen, dass diese nicht verändert und korrekt erfasst wurden. Bei diversen FDA-Inspektionen konnten gleich mehrere Pharma- und Wirkstoffbetriebe nicht lückenlos nachweisen, dass die Datenintegrität gewährleistet ist.

Einerseits wurden hierbei Daten vorsätzlich geändert. Aber es gab auch Fälle, bei denen Daten durch Unkenntnis, fehlende Schulung des Personals oder einfach nur durch nicht geeignete Datenhaltungssysteme unbeabsichtigt geändert wurden. Die Gründe können also sehr unterschiedlich sein. Wenn jedoch Originaldaten verändert wurden, stellt dies die Compliance des gesamten GMP-Systems infrage. Die FDA hat daher nicht nur einen Standort, sondern gleich alle Standorte von Ranbaxy in Indien mit einem Warning Letter belegt und einen Importstopp angeordnet.

6.4 Vertraulichkeit

Vertraulichkeit ist der Schutz vor unbefugter Preisgabe von Informationen. Vertrauliche Daten und Informationen dürfen ausschließlich Befugten in der zulässigen Weise zugänglich sein. Unautorisierte Dritte haben dagegen keinen Zugriff auf übertragene Nachrichten oder gespeicherte Informationen. So kann beispielsweise nur der Sender und der Empfänger eine Nachricht im Klartext lesen. Um eine Vertraulichkeit zu gewährleisten, müssen die im System gespeicherten oder in den Kommunikationseinrichtungen übertragenen Daten durch Verschlüsselung vor unberechtigtem Zugriff geschützt werden.

Um die Datenverarbeitung und -kommunikation möglichst sicher und effektiv durchführen zu können, ist die Vertraulichkeit unabdingbar.

Beispiele für nicht eingehaltene Vertraulichkeit
Nachfolgend zwei eindrückliche Beispiele für Probleme mit der Vertraulichkeit:

Beispiel

Deutsche Apotheken Zeitung vom 25.04.2016 – Merck Österreich verliert sensible Daten von 2000 Patienten
Bedenkliche Panne bei der österreichischen Tochter des Pharmakonzerns Merck: Dem Unternehmen kam eine DVD mit den Daten von etwa 2000 Patienten und 1000 Abonnenten einer medizinischen Fachzeitschrift abhanden. Damit stellt sich ein weiteres Mal die Frage, wie es um die Sicherheit sensibler Patientendaten im Gesundheitswesen steht.

Silicon.de vom 16.08.2016 – Sage verliert Daten von Hunderten Unternehmen
Der britische Software-Anbieter Sage bestätigt einen Einbruch auf eigene Server. Unbekannte hatten Zugriff auf Daten von Unternehmen. Wie Sage bestätigt, sollen zwischen 200 und 300 Firmen betroffen sein, die Finanzsoftware von Sage einsetzen. Allerdings handle es sich dabei lediglich um britische Unternehmen.

6.5   Verbindlichkeit

Zu den vier Dimensionen der IT-Sicherheit lässt sich noch ein die Verbindlichkeit ergänzen. Hier geht es hauptsächlich um die Sicherstellung, dass ausgetauschte Daten und Informationen verpflichtend sind. Aktuell und gleichzeitig problematisch ist dieses Schutzziel im Bereich E-Commerce: Ist beispielsweise eine Bestellung über das Internet rechtsgültig oder nicht? Im Zusammenhang mit der IT-Sicherheit umfasst Verbindlichkeit folgende Aspekte:

Nichtabstreitbarkeit
Hierbei liegt der Schwerpunkt auf der Nachweisbarkeit gegenüber Dritten. Ziel ist es zu gewährleisten, dass der Versand und Empfang von Daten und Informationen nicht in Abrede gestellt werden kann.

Die Nichtabstreitbarkeit fordert, dass „kein unzulässiges Abstreiten durchgeführter Handlungen" möglich ist. Sie ist unter anderem wichtig beim elektronischen Abschluss von Verträgen. Erreichbar ist sie beispielsweise durch elektronische Signaturen. Bei der Nichtabstreitbarkeit wird unterschieden zwischen:

- Nichtabstreitbarkeit der Herkunft:
  Es soll einem Absender einer Nachricht unmöglich sein, das Absenden einer bestimmten Nachricht nachträglich zu bestreiten.
- Nichtabstreitbarkeit des Erhalts:
  Es soll einem Empfänger einer Nachricht unmöglich sein, den Erhalt einer gesendeten Nachricht nachträglich zu bestreiten.

Authentizität
Die Authentizität stellt bspw. sicher, dass Absender und Empfänger echt sind, d. h. es handelt sich effektiv um diejenige Person, als die sie sich ausgeben. Dies wird beispielsweise durch die Nutzung von digitalen Unterschriften oder signierten E-Mails erreicht. Ein gutes Beispiel ist hier das Online-Banking. Hier wird beispielsweise das Passwort/TAN-Verfahren bei der Authentifizierung der Bank-Kunden am Online-Banking Portal verwendet. Im Gegenzug setzt die Bank setzt auf der anderen Seite konkrete Online-Zertifikate SSL-Zertifikate (*Secure Sockets Layer* Zertifikate) ein. Die Zertifikate enthalten vertrauenswürdige Informationen über den Zertifikatsinhaber und bestätigen die Identität des Betreibers einer Webseite bzw. eines Servers. Diese Technologie schafft vertrauen, und stellt sicher, dass gesetzliche und vertragliche Bedingungen eingehalten werden. Diese Geschäfte, so sie zustande kommen, sind rechtlich verbindlich.

Sicherheitsanforderungen herausarbeiten

7

Einer der größten Herausforderungen der Informationssicherheit ist es, die tatsächlichen Sicherheitsanforderungen verbindlich herauszuarbeiten. Denn Sicherheit ist auf der einen Seite sehr kostspielig, auf der anderen Seite kann sie die Nutzung eines Services erheblich einschränken.

In vielen Bereichen der Informatik ist das Business nicht in der Lage konkrete Anforderungen an die IT zu formulieren. Ein Problem ist, dass das Business und die IT grundsätzlich verschiedene Sprachen sprechen. Und dies ist konkret einer der wichtigsten Aufgaben im Bereiche der Informationssicherheit. Die Anforderungen bei Business so abzuholen, dass diese nachgelagert so auch technisch Umgesetzt werden kann.

> ▶ Im Bereich der IT-Sicherheit gilt der Grundsatz, die IT-Sicherheit wird nicht um der IT willen betrieben. Die IT-Sicherheit muss optimal auf die Anforderungen des Business abgestimmt sein, damit eine möglichst hohe Wirkung im Bereich Kosten und Nutzen erzielt werden kann.

Um die Anforderungen strukturiert, wiederholbar, in der Sprache des Business zu erheben, hat sich in der Praxis eine ausgezeichnete Methode herauskristallisiert: die Schutzbedarfsanalyse.

7.1 Schutzbedarfsanalyse

Die Schutzbedarfsanalyse ist eine praktische Anwendung der Szenario Technik. Ziel ist es, mögliche Entwicklungen der Zukunft zu analysieren und zusammenhängend darzustellen. Beschrieben werden dabei alternative zukünftige Situationen sowie Wege, die zu diesen zukünftigen Situationen führen.

© Springer Fachmedien Wiesbaden GmbH 2017
A. Gadatsch und M. Mangiapane, *IT-Sicherheit,* essentials,
DOI 10.1007/978-3-658-17713-3_7

Bei der Schutzbedarfsfeststellung wird der Schutzbedarf der Geschäftsprozesse, der verarbeiteten Informationen und der IT-Komponenten bestimmt. Hierzu werden für jede Anwendung und die verarbeiteten Informationen die zu erwartenden Schäden betrachtet, die bei einer Beeinträchtigung der Grundwerte der Informationssicherheit – Vertraulichkeit, Integrität oder Verfügbarkeit – entstehen können. Wichtig ist es dabei auch, die möglichen Folgeschäden realistisch einzuschätzen.

Bewährt hat sich eine Einteilung in die vier Schutzbedarfskategorien „niedrig", „mittel", „hoch" und „kritisch". Ergänzt kann die jeweilige Fragestellung noch um weitere Fragen. Diese Fragen dienen zum einen als Hilfestellung für die Einstufung des jeweiligen Schutzbedarfs und zum anderen als Ergänzung und Konkretisierung der Fragestellung:

- Kann dieser Vorfall finanzielle Auswirkungen haben und falls ja, in welcher Höhe?
- Gegen welche Gesetze oder Vorschriften wird verstoßen? Welche rechtlichen Konsequenzen oder Sanktionen können mit dem Vorfall verbunden sein?
- Gibt es Personen, deren informationelles Selbstbestimmungsrecht beeinträchtigt wird? Wenn ja, mit welchen Folgen?
- Wie stark werden Abläufe in der Firma behindert?
- Droht ein Image-Schaden und mit welchen Folgen wäre er verbunden?

Die Schutzbedarfsermittlung erfolgt in der Regel in einem Risikodialog. Dabei werden in einem Interview den Prozessverantwortlichen bzw. Verantwortlichen aus dem Business ein Set von Fragen gestellt. Diese ermöglichen es, abzuleiten, wie empfindlich der infrage stehende Prozess auf Systemunterbrüche, Verlust von Daten, Spionage oder Hacker reagieren würde.

Resultat der Schutzbedarfsanalyse sind Schutzbedarfswerte für Verfügbarkeit, Datenexistenz, Integrität und Vertraulichkeit. Die festgelegten Werte sollen für die Nachvollziehbarkeit in einem Protokoll festgehalten werden. Der Schutzbedarf ist eine dynamische Größe, da die Informationssysteme immer enger an die Prozesse geknüpft werden, womit die Abhängigkeit laufend zunimmt.

Die verkürzten Fristen, die verlangte Zuverlässigkeit (Integrität) und die unverminderten Anforderungen an die Vertraulichkeit tragen zu höheren Risiken bzw. Schutzbedarfswerten der Informationssysteme bei. Diese Entwicklung kann nur dann verantwortet werden, wenn die Risiken bereits in der Projektierung beurteilt werden. In unserer Beratungspraxis stellen wir jedoch regelmäßig fest, dass die Abhängigkeit erst bemerkt bzw. bewusst wird, wenn die neuen Systeme bereits eingeführt sind und die erste Panne eingetreten ist.

Aus dieser Feststellung kann abgeleitet werden, dass sich die Beurteilung des Schutzbedarfs eines Objekts mit der Zeit verändert und daher periodisch wiederholt werden muss.

7.2 Beispiele für Fragen und Ausprägungen einer Schutzbedarfsanalyse

7.2.1 Was passiert, wenn der IT-Service nicht zur Verfügung steht?

Diese Frage zielt auf die Verfügbarkeit der Services ab. Hier muss sich der Prozesseigner oder der Verantwortliche überlegen, was ein Ausfall des Service für das Unternehmen bedeutet. Erfahrungsgemäß kann hier detailliert beschrieben werden, was ein Ausfall dieses entsprechenden Service konkret für das Unternehmen bedeutet, wie beispielsweise:

- Interne Prozesse kommen zum Erliegen, Mitarbeitende können nicht mehr arbeiten.
- Die gesamte Produktion kommt zum Stillstand und dadurch kommt es zu Lieferengpässen oder es können konkrete Lieferbedingungen nicht eingehalten werden, die im Anschluss zu Konventionalstrafen führen.
- Kunden können den Service nicht mehr nutzen und suchen sich ggf. andere Leistungsanbieter.

Die Fragen können noch über die Angabe der Zeit konkretisiert. Diese zielt ganz klar auf den Recovery Time Objective Wert ab. Eine mögliche Skala könnte beispielsweise, wie folgt aussehen:

- 5 min
- 30 min
- 1 h
- 4 h
- 1 Tag
- 2 Tage
- etc. beliebig erweiterbar

▶ **Recovery Time Objective (RTO)** ist die maximal tolerierbare Länge eines Zeitraums, die ein Computer, IT-System, Netzwerk oder eine Anwendung nach einem Absturz ausfallen darf. RTO ist eine Funktion, um die Ausfallzeit und den möglichen Umsatzverlust pro Zeiteinheit zu definieren. Dies hängt von Faktoren, wie zum Beispiel verwendeten Geräten und Anwendungen, ab. RTO wird in Sekunden, Minuten, Stunden oder Tagen gemessen.

7.2.2 Was passiert, wenn Daten der letzten Minuten/ Stunden unwiederbringlich verloren sind?

Daten sind mittlerweile das Herzstück eines jeden Unternehmen und ein Verlust derer kann erhebliche Auswirkungen auf die jeweiligen Geschäftsprozesse oder auch das ganze Unternehmen haben. Die Fragen, wie viel Datenverlust kann sich ein Unternehmen erlauben ist elementar.

Ein Datenverlust hat massive Auswirkungen auf das Unternehmen oder Geschäftsprozesse, abhängig von der Dauer des Datenverlustes:

- Ein Datenverlust auf Ebene der Geschäftsprozesse heißt im besten Fall ein Verlust von einzelnen Warenbestellungen oder Datensätzen
- Auch ein Verlust von Daten ganzer Applikationen oder Systeme kann einen erheblichen Einfluss auf ein Unternehmen haben.
- Im schlechtesten Fall sind Entwicklungsdaten oder Rezepturen und somit jahrelange Entwicklungsarbeit unwiederbringlich verloren.

Diese Frage zielt ganz klar auf den Recovery Point Objective (RPO) Wert ab. Eine mögliche Skala könnte, analog der Verfügbarkeit, wie folgt aussehen:

- 5 min
- 30 min
- 1 h
- 4 h
- 1 Tag
- 2 Tage
- etc. beliebig erweiterbar

▶ **Recovery Point Objective (RPO)** ist der Zeitraum, der zwischen zwei Back-ups liegen darf, um den Normalbetrieb nach dem Absturz eines Computers, IT-Systems oder Netzwerks sicherzustellen. Der RPO berechnet sich rückwärts vom Zeitpunkt des Absturzes und lässt sich in Sekunden, Minuten, Stunden oder Tagen angegeben.

7.2.3 Was passiert, wenn falsche Daten vorliegen oder diese verändert werden?

Sich auf die Richtigkeit der vorliegenden Daten verlassen zu können ist elementar. Werden Daten unbemerkt absichtlich oder unabsichtlich verändert kann dies zu gravierenden Schäden für einen Geschäftsprozess und das gesamte Unternehmen führen.

Daten können durch vielerlei Einfluss verändert werden und zwar durch:

- jegliche Art von Software- oder Hardwarefehler
- Bedienungsfehler
- Viren und Malware
- Hackerangriffe

Hier gilt es ganz klar und realistisch einen möglichen Schaden herauszuarbeiten. Als mögliche Ausprägungen haben sich folgende Themengebiete etabliert:

- einzelne E-Mails intern
- einzelne E-Mails extern
- Applikationen auf mobilen Systemen und Endgeräten
- wichtige Applikationen (zufällig)
- wichtige Applikationen (gezielte, systematische Manipulation)
- wichtige Applikationen (Fehlerfortpflanzung)

7.2.4   Was passiert, bei Einsicht unbefugter Dritter?

Bei diesem Thema handelt es sich um ein extrem komplexes Problem. Denn, hier treffen verschiedene Themengebiete aufeinander. Zum einen haben wir das Thema Datenschutz: Je nach Betrachtungsweise wird unter Datenschutz der Schutz vor missbräuchlicher Datenverarbeitung, Schutz des Rechts auf informationelle Selbstbestimmung, Schutz des Persönlichkeitsrechts bei der Datenverarbeitung und auch Schutz der Privatsphäre verstanden.

Das andere Thema ist der Schutz der Unternehmensdaten vor Industriespionage. Denn bereits 2012 hatte der ehemalige Direktor der FBI das Folgende gesagt: „Es gibt zwei Arten von Unternehmen: solche, die schon gehackt wurden, und solche, die es noch werden".

Hierbei reicht die Spanne vom Setzen falscher Berechtigung einzelner Mitarbeitenden in der Organisation bis hin zu Veröffentlichung von Daten.

Als mögliche Ausprägungen haben sich folgende Themengebiete etabliert:

- einzelne E-Mails intern/extern
- Applikationen auf mobilen Systemen und Endgeräten
- wichtige Applikationen
- Server (inkl. defekter Hardware)
- zentraler Datenträger (Storage, Back-up etc.)
- Archiv (elektronisch/optisch)

7.3   Praxis-Tipps

Aus der Durchführung von hunderten Schutzbedarfsanalysen haben sich ein paar wichtige Erfolgsfaktoren herauskristallisiert, die wir nachfolgend als Hilfestellung erläutern.

Um die Fragen für den Risikodialog in den richtigen Kontext zu setzen, werden gegenüber den Dialog-Teilnehmern praktische Beispiele erläutert. Diese haben immer einen konkreten Bezug zum jeweiligen Thema. Es ist die Aufgabe, des Interviewführers sich entsprechend vorzubereiten. Denn je besser sich die Teilnehmer auf den Prozess einlassen, desto besser sind die Ergebnisse der Analyse.

▶   Wichtig bei der Durchführung der Schutzbedarfsanalyse ist, dass bei der Beurteilung der jeweiligen Szenarien, allfällige bereits definierten Sicherheitsmechanismen oder Back-up Konzepte nicht berücksichtigt werden. Etwaige Maßnahmen werden erst im Nachgang der Schutzbedarfsanalyse berücksichtigt.

7.3.1   Teilnehmer der Schutzbedarfsanalyse

Es hat sich bewährt, sich bei der Durchführung einer Schutzbedarfsanalyse auf die Personen oder die Personengruppe aus den jeweiligen Fachbechereichen zu fokussieren. Diese Personen können im Detail schildern, was bei Eintreffen einer Störung oder beim Ausfall der IT-Infrastruktur exakt mit den Geschäftsprozessen passiert.

Im Gegenzug dazu hat sich der Einbezug von internen IT-Mitarbeitenden nur eingeschränkt bewährt. Bei der Diskussion der einzelnen Szenarien innerhalb der Schutzbedarfsanalyse, kommt es immer wieder zur „Erklärungsfalle". Die IT-Mitarbeitenden erklären dann immer wieder, warum ein solcher Ausfall oder ein Datenverlust gar nicht möglich ist. Diese Diskussion ist vom Interviewführer im Keim zu ersticken.

7.3.2   Hilfestellung für die Fragetechnik

Wer fragt, der führt. Dieser Grundsatz liegt auch bei der Ermittlung des Schutzbedarfs zugrunde. Bei der Schutzbedarfsanalyse geht es zum einen um die Einstufung und die direkte Beantwortung der gestellten Fragen, aber auch um die Informationsbeschaffung. Je mehr Informationen zusammengetragen werden, desto gezielter fällt die Einstufung des Schutzbedarfs aus.

Empfehlung für die Durchführung von Schutzbedarfsanalysen oder jeglicher Lagebeurteilungen:

- Es soll eine angenehme und offene Diskussionsgrundlage geschaffen werden. Mit Small Talk starten, um das Eis zu brechen.
- Der Interviewführende ist immer der Unwissende und führt über seine Fragetechnik durch die Schutzbedarfsanalyse, respektive der Lagebeurteilung.
- Die Informationsbeschaffung ist das oberste Gebot in der Schutzbedarfsermittlung.

Verschiedene Fragearten

Entscheidend für die Informationsbeschaffung ist die Kunst, die richtigen Fragen zu stellen. Mit der richtigen Fragestellung kann ein Interview kontrolliert zum Ziel geführt werden. Es gibt verschiedene Fragetechniken, die sich bewährt haben. Die folgenden drei Grundarten helfen bereits, ein gutes Gespräch aufzubauen:

- W-Fragen: Wo, Wer, Was, Wie, Warum, Wann, Weshalb
- Offene Fragen: Sie erwarten eine ausführliche Erläuterung auf Ihre Frage
- Geschlossene oder schließende Fragen: Hier sind die Antwortmöglichkeiten vorgegeben oder sie ergeben sich durch die Frage selbst.

Die Kunst eines Auditors ist es, gerade bei offenen Fragen, Ungereimtheiten oder Unklarheiten herauszuhören und dort dann weiter zu fragen, bis er auf den Grund des Problems gestoßen ist. Hier haben sich vor allem die kleinen Nebensätze als wahre Fundgrube erwiesen – also hören Sie genau hin!

▶ **Die 5 „Warum"-Technik** Aus dem Lean Six Sigma gibt es noch eine weitere gute Methode, um einem Problem auf den Grund zu gehen „Die 5 „Warum"-Technik":

Der Grundsatz ist: Fragen Sie fünfmal „Warum", um die tieferen Ursachen zu ergründen. Nachfolgend ein kurzes Beispiel, um die Methode kurz zu illustrieren:

Warum verursachen komplizierte Formulare Verzögerungen und Fehler im Bewilligungsprozess?

- **Weil** Bewilligungsgeber unvollständig ausgefüllte Anträge erhalten.

Warum erhalten Sie unvollständig ausgefüllte Anträge?

- **Weil** die Kunden die Anträge nicht richtig oder nicht vollständig ausfüllen.

Warum füllen Kunden die Anträge nicht richtig oder unvollständig aus?

- **Weil** das Format verwirrend ist.

Warum ist das Format verwirrend?

- **Weil** die Anleitung kaum zu lesen ist.

Warum ist die Anleitung kaum zu lesen?

- **Weil** die Schrittgröße zu klein ist.

Mehrwert der Schutzbedarfsanalyse

Bei der Durchführung von hunderten Schutzbedarfsanalysen, haben sich zu den bereits beschriebenen Vorteilen, noch weitere entscheidende Mehrwerte herausgestellt (vgl. Abschnitt „Schutzbedarfsanalyse auf einen Blick"):

- Erhöhung der Awareness im Bereich der IT-Sicherheit,
- Sensibilisierung der Fachbereiche für IT-Themen,
- Mitdenken wird angeregt,
- Übergabe der Verantwortung ans Business.

Schutzbedarfsanalyse auf einen Blick

Vereinfachte Vorlage für eine Schutzbedarfsanalyse

Als Basis für einen wiederholbaren Prozess der Schutzbedarfsanalyse, sollte dieser immer nach der gleichen Vorgehensweise, resp. mit der Vorlage durchgeführt werden. In Abb. 7.1 ist ein Auszug aus einer vereinfachte Vorlage abgebildet, die für eine Schutzbedarfsanalyse verwendet werden kann. Als Anhang zu diesem Essential, kann die komplette Vorlage bezogen werden. Jede Frage sollte mit jeder Ausprägung, offen mit dem Team ausführlich diskutiert werden. Als Ergebnis der Diskussion muss für jede Ausprägung eine Einstufung von niedrig bis katastrophal vorgenommen. Weiter sollte ein möglicher finanzieller Schaden durch das Projektteam geschätzt werden. Hier sind Kosten des konkreten Ausfalls beziffert werden (siehe Kap. 5).

Schutzbedarfsanalyse

Bezeichnung:	Projektname
Dokumentenklassifizierung:	intern / vertraulich / geheim
Geschäftsprozessverantwortlicher:	
System / Schutzobjekt:	
Interviewleiter:	

			Auswirkung auf die Geschäftsprozesse / Unternehmen				Kosten
	Fragen	**Ausprägungen**	niedrig	mittel	hoch	katastrophal	€
Verfügbarkeit	Was passiert, wenn der IT-Service nicht zur Verfügung steht?	5 Minuten					
		30 Minuten					
		1 Stunde					
		4 Stunden					
		1 Tag					
		2 Tage					
	Fragen	**Ausprägungen**	niedrig	mittel	hoch	katastrophal	€
Datenexistenz	Was passiert, wenn Daten der letzten Minuten / Stunden unwiederbringlich verloren sind?	5 Minuten					
		30 Minuten					
		1 Stunde					
		4 Stunden					
		1 Tag					
		2 Tage					
	Fragen	**Ausprägungen**	niedrig	mittel	hoch	katastrophal	€
Integrität	Was passiert, wenn falsche Daten geliefert oder verändert werden?	einzelne E-Mails intern					
		einzelne E-Mails extern					
		Applik. auf mob. System und Endgeräten					
		Wichtiger Applikationen (zufällig)					
		Wichtiger Applikationen (gezielte, systematische Manipulation)					
		Wichtiger Applikationen (Fehlerfortpflanzung)					
	Fragen	**Ausprägungen**	niedrig	mittel	hoch	katastrophal	€
Vertraulichkeit	Was passiert, bei Einsicht unbefugter Dritter?	Einzelne E-Mails intern/extern					
		Applikationen auf mobilen System und Endgeräten					
		Einer wichtigen Applikation					
		Eines Servers (inkl. defekter Hardware)					
		Zentraler Datenträger (Storage, Back-up, etc.)					
		Eines Archivs (elektronisch / optisch)					

Abb. 7.1 Auszug aus der Vorlage Schutzbedarfsanalyse

Weiterverwendung der Daten aus dem Schutzbedarf

Die Informationen aus den Schutzbedarfsanalysen können unter anderem als Basis für weitere nachgelagerte Themen verwendet werden.

8.1 Basis für eine strategische Informatik-Planung

Die Anforderungen für die strategische Ausrichtung der Informatik sind grundsätzlich aus der Unternehmensstrategie abzuleiten. Bei näherer Betrachtung können für die strategische Informatik-Planung (SIP) oder besser das IT-Management folgende operationale und praktikable Ziele abgeleitet werden:

- die IT leistet einen möglichst umfassenden Wertbeitrag für das Gesamtunternehmen
- die IT verursacht möglichst geringe Kosten
- die IT gewährleistet eine definierte Sicherheit
- ein Alignement der IT-Strategie mit der Unternehmensstrategie wird erreicht

Diese Ziele wurden im Reifegradmodell des „Modernen IT-Management" (Büchler und Mangiapane 2014) sehr gut auf einzelne Domänen des IT-Managements heruntergebrochen (vgl. Abb. 8.1).

Zusammenspiel der Domänen

Innerhalb der Domäne IT-Governance, -Risk- und -Compliance-Management (IT-GRC) werden die Rahmenbedingungen für die einzugehenden Risiken definiert. Weiter wird der IT-Security-Prozess innerhalb der Domäne festgelegt. Für eine Risikobeurteilung der IT-Infrastruktur sowie das Management der IT-

© Springer Fachmedien Wiesbaden GmbH 2017
A. Gadatsch und M. Mangiapane, *IT-Sicherheit,* essentials,
DOI 10.1007/978-3-658-17713-3_8

Security sind Informationen aus der Domäne IT-Ressourcenmanagement (IT-RM) notwendig. Innerhalb der Domäne IT-RM wird das bestehende Netzwerk dokumentiert und die eingesetzte Hard- und Software katalogisiert und verwaltet. Erst diese Informationen machen es innerhalb des Risk-Managements möglich, den aktuellen Zustand der Informatik zu definieren. Dadurch wird bestimmt, welche notwendigen Maßnahmen im Rahmen des IT-Security-Prozesses eingeleitet werden müssen. (Abb. 8.2) zeigt die Ableitung der Anforderungen an modernes IT-Management.

8.1.1 Ausrichtung der IT

Im Rahmen der strategischen Informatik-Planung gilt es, die Informatik bzw. IT technisch und organisatorisch auf die Anforderungen des Unternehmens auszurichten. Hierzu werden zwei wichtige Bereiche der IT unterschieden:

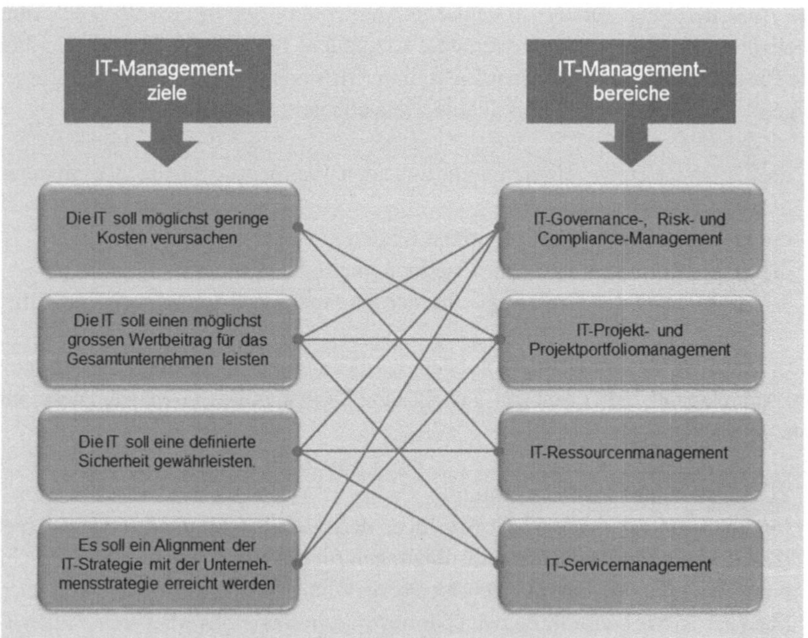

Abb. 8.1 Matching von IT-Zielen auf IT-Bereiche

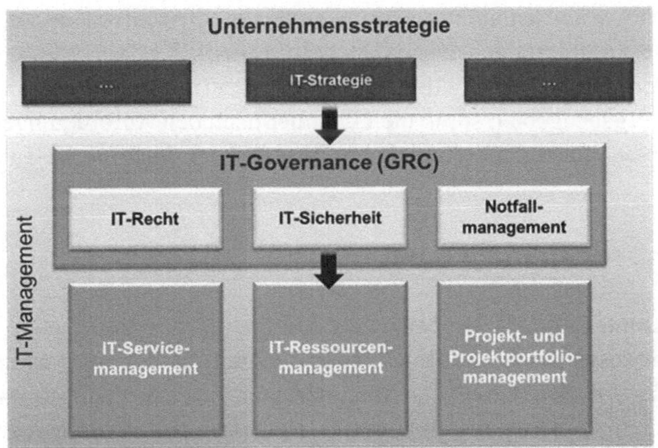

Abb. 8.2   Anforderungen an modernes IT-Management

- IT-Architektur: Applikationslandschaften und technische Infrastruktur stehen heute aufgrund der technologischen Entwicklungen und des hohen Transformationsbedarfs im Business unter einem hohen Veränderungsdruck. Es muss eine Durchgängigkeit zwischen Unternehmensstrategie und IT-Architekturen sichergestellt werden.
- IT-Organisation: Durch die hohe Bedeutung der Informationstechnologie für Dienstleistungen und Produkte der Unternehmen ist die viel beschworene „Nähe der IT zum Business" heutzutage nicht nur eine Floskel – sie ist matchentscheidend. Agilität und Time-to-Market sind Differenzierungsmerkmale. Lange Kommunikations- und Entscheidungswege behindern den Markterfolg. Eine starke organisatorische Trennung von Fach und IT ist für Abteilungen mit hohem, agilem IT-Demand nicht mehr zeitgemäß. Ergänzend hierzu müssen auch die Anforderungen an das Thema Verfügbarkeit berücksichtigt werden. Ist ein 24 × 7 Support notwendig? Muss zu jeder Zeit der Zugriff auf Fachspezialisten möglich sein?

Diese Themen lassen sich mithilfe der Daten aus den Schutzbedarfsanalysen ableiten. Hierzu wird sicherlich nicht eine Analyse ausreichen, sondern in diesem Fall muss das Unternehmen mit Schutzbedarfsanalysen durchdrungen und verstanden werden.

Eine solche Vorgehensweise hilft auch Kosten einzusparen. Und zwar Kosten für zu viel oder zu wenig IT. Eine Überorganisation der IT ist am Ende genauso kostenintensiv, wie Ausfälle und Störungen durch eine schlecht organisierte, bzw. nicht auf die Anforderungen ausgerichtete Informatik.

Ein Unternehmen, gleichgültig in welcher Branche, mit welchem Wirkungskreis und Aufgabengebiet, sollte die IT immer nach den Anforderungen des Business ausrichten, um einen bestmöglichen Kost-Nutzen-Faktor erzielen zu können.

8.1.2 Prozessmanagement

Die Prozessunterstützung ist heute das Kerngebiet der Informatik. Stehen die Geschäftsprozesse für die Informatikunterstützung im Zentrum, wirkt die Informatik direkt auf den Geschäftserfolg und kann so zu mehr technologischen Innovationen im Unternehmen und gezielt zu mehr spürbarem Kundennutzen beitragen.

Ein, von der IT, gut unterstütztes Prozessmanagement orientiert sich daran, ob die Aktivitäten wirklich an der Unternehmensstrategie ausgerichtet sind und alles daran setzt wird, die Organisation darin zu unterstützen, ihre Ziele zu erreichen. Weiter wird betrachtet, ob die Informatik mit ihren Dienstleistungen einen spürbaren Mehrwert für die Organisation, insbesondere aber für deren Kunden, Lieferanten und weiteren Partner produziert.

Ist die Informatik aus Sicht dieser Perspektive gut ausgerichtet, erfolgt daraus ein nachweislicher Return on Investment (ROI). Ist die Informatik aus dieser Perspektive gut aufgestellt, kann sie ihren Beitrag am Unternehmenserfolg ausweisen.

Während der Interviews der Schutzbedarfsanalysen lassen sich eine große Menge an Informationen zum Prozessmanagement gewinnen. Zum einen sitzen alle relevanten Wissensträger aus den Fachbereichen an einem Tisch, zum anderen sprechen sie konstruktiv, im Kontext der IT, über etwaige Probleme, Medienbrüche oder weiteres Optimierungspotenzial, die sie in ihrem Prozess haben.

8.1.3 IT-Risikomanagement

Die Bereiche IT-Risk- und -Compliance-Management wurden zu einer Einheit zusammengefasst, zum einen, weil es besonders wichtig ist, Risiken und die Einhaltung von Regeln übergreifend zu steuern, zum anderen, weil sich im Verlauf der Analyse der beiden Bereiche herausstellte, dass sich die Prozesse des Risk- und des Compliance-Managements sehr ähnlich sind.

IT-Risikomanagement

Das Risikomanagement umfasst sämtliche organisatorischen Maßnahmen, die sich auf:

- die Definition der Risikofelder,
- die Identifikation der Risiken und
- deren Analyse, Bewertung, Steuerung, Überwachung sowie Berichterstattung

beziehen.

Gefährdungen, die im Bereich IT Schadensereignisse auslösen und in der Folge zu IT-Sicherheitsrisiken führen können, lassen sich laut Bundesamt für Sicherheit in der Informationstechnik (BSI) in folgende Kategorien einteilen:

- höhere Gewalt (Hochwasser, Blitz, technische Katastrophen im Umfeld etc.);
- organisatorische Mängel (z. B. fehlende Zugangskontrollen, ungesicherter Akten- und Datenträgertransport);
- menschliche Fehlhandlungen (z. B. sorgloser Umgang mit Passwörtern, unbeabsichtigtes Löschen von Daten);
- technisches Versagen (z. B. Ausfall von Netzkomponenten oder der internen Stromversorgung);
- vorsätzliche Handlungen (z. B. Computersabotage und -spionage).

▶ *Oftmals sind die gefährlichsten IT-Risiken diejenigen, die nicht richtig verstanden wurden. Deshalb muss jedes Risiko analysiert werden, auch wenn unmittelbare Gegenmaßnahmen fehlen.*

▶ Für die Erhebung unterschiedlichster Risiken kann die Schutzbedarfsanalyse eine sehr gute Basis darstellen. In den einzelnen Interviews werden dem Leiter der Schutzbedarfsanalyse bereits eine sehr große Anzahl an vorhanden Risiken direkt durch die Interviewteilnehmer geliefert. Diese ergeben sich in der Regel aus den ergänzenden Diskussionen und Gesprächen.

Der Begriff Business Continuity Management (BCM) bezeichnet zusammenfassend eine Managementmethode, die anhand eines Lebenszyklus-Modells die Fortführung der Geschäftstätigkeit unter Krisenbedingungen oder zumindest unvorhersehbar erschwerten Bedingungen absichert. Es besteht eine enge Verwandtschaft mit dem Risikomanagement. In den deutschsprachigen Ländern wird das BCM bisweilen als verwandt mit der Informationssicherheit, der IT-Notfallplanung und dem Facility Management angesehen.

Aufgrund dieser Definition kommt es vor allem in kleineren Organisationen und auch noch in mittelständischen Unternehmen zu dem Irrglauben, dass grundsätzlich die Informatik für die Planung des und Durchführung der BCM-Konzepte verantwortlich ist. Wie in Abb. 9.1 illustriert, ist das IT-Notfallmanagement jedoch nur ein Teil des gesamten BCM.

Das BCM muss als übergreifendes Konzept zentral für das gesamte Unternehmen geplant, geführt und getestet werden. Die einzelnen Fachbereiche haben die Aufgabe, die jeweiligen Arbeitsschritte, so weit als möglich, für den Notfall so zu organisieren, dass diese auch ohne aktive IT-Unterstützung ausgeführt werden kann.

Beispiel

Unzählige Beispiele für ein funktionierendes Business Continuity Management kann man in gut geführten Krankenhäusern vorfinden. Krankenhäuser sind aufgrund ihrer Historie immer wieder besonderen Situationen ausgesetzt. Aufgrund dessen haben sich ausgeklügelte BCM-Konzepte bereits in ihren Standardprozess etabliert.

So sind Krankenhäuser bereits ab einem Eintrittsprozess für einen Offline-Betrieb vorbereitet. Auch Labor- oder Radiologie Systeme funktionieren im

© Springer Fachmedien Wiesbaden GmbH 2017
A. Gadatsch und M. Mangiapane, *IT-Sicherheit,* essentials,
DOI 10.1007/978-3-658-17713-3_9

Notfall auch ohne IT-Systeme. Die Prozesse sind so konzipiert, dass sie parallel zur IT noch auf Papier funktionieren. Hierzu gibt es Vorlagen, Checklisten und Etikettenvorlagen auf Papier, sodass viele Untersuchungen und Behandlungen auch ohne IT durchgeführt werden und den Patienten geholfen werden kann.

Abb. 9.1 Business Continuity Management

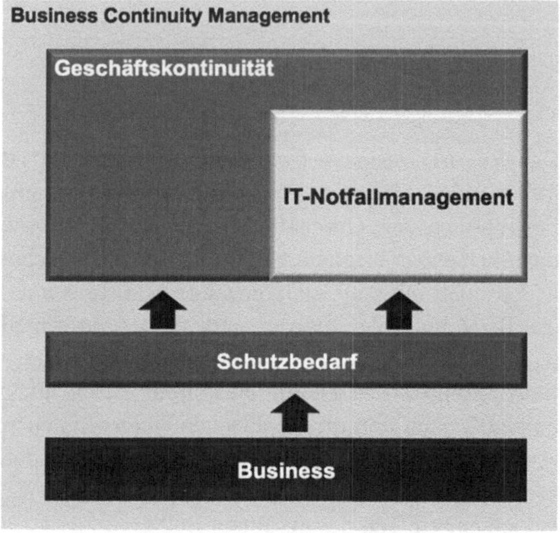

Was Sie aus diesem *essential* mitnehmen können

- Ideen und Anregungen für Ihre Projekte im Kontext von IT-Sicherheit und Digitalisierung
- Hinweise auf weiterführende Literatur und Studien

© Springer Fachmedien Wiesbaden GmbH 2017
A. Gadatsch und M. Mangiapane, *IT-Sicherheit,* essentials,
DOI 10.1007/978-3-658-17713-3

Anhang

Vorlage Schutzbedarf

Schutzbedarfsanalyse - Deckblatt	
Bezeichnung:	Projektname
Dokumentenklassifizierung:	intern / vertraulich / geheim
Projekt Nr. / Projekt ID	
System / Schutzobjekt:	System / Prozess ...
Geschäftsprozessverantwortlicher	
Projektleiter	
Informationssicherheits- und Datenschutzverantwortlicher (CISO)	
Dokument ausgefüllt durch	
Dokument ausgefüllt am	
Unterschrift CISO	Unterschrift Geschäftsprozessverantwortlicher

© Springer Fachmedien Wiesbaden GmbH 2017
A. Gadatsch und M. Mangiapane, *IT-Sicherheit,* essentials,
DOI 10.1007/978-3-658-17713-3

		Auswirkung auf die Geschäftsprozesse / Unternehmen				Kosten
Verfügbarkeit	System / Prozess …					
Fragen	**Ausprägungen**	niedrig	mittel	hoch	katastrophal	€
Was passiert, wenn der IT-Service nicht zur Verfügung steht? - Wie stark werden Abläufe in der Firma behindert? - Droht ein Image-Schaden und mit welchen Folgen wäre er verbunden? - Kann dieser Vorfall finanzielle Auswirkungen haben und falls ja, in welcher Höhe?	5 Minuten					
	30 Minuten					
	1 Stunde					
	4 Stunden					
	1 Tag					
	2 Tage					

Ergänzende Fragen:

Gegen welche Gesetze oder Vorschriften wird verstoßen?
Welche rechtlichen Konsequenzen oder Sanktionen
können mit dem Vorfall verbunden sein?

Droht ein Image-Schaden und mit welchen Folgen wäre
er verbunden?

		Auswirkung auf die Geschäftsprozesse / Unternehmen				Kosten
Datenexistenz	System / Prozess …					
Fragen	**Ausprägungen**	niedrig	mittel	hoch	katastrophal	€
Was passiert, wenn Daten der letzten Minuten / Stunden unwiederbringlich verloren sind? - Wie stark werden Abläufe in der Firma behindert? - Droht ein Image-Schaden und mit welchen Folgen wäre er verbunden? - Kann dieser Vorfall finanzielle Auswirkungen haben und falls ja, in welcher Höhe?	5 Minuten					
	30 Minuten					
	1 Stunde					
	4 Stunden					
	1 Tag					
	2 Tage					

Ergänzende Fragen:

Gegen welche Gesetze oder Vorschriften wird
verstoßen? Welche rechtlichen Konsequenzen oder
Sanktionen können mit dem Vorfall verbunden sein?

Droht ein Image-Schaden und mit welchen Folgen wäre
er verbunden?

Integrität	System / Prozess …	Auswirkung auf die Geschäftsprozesse / Unternehmen				Kosten
Fragen	**Ausprägungen**	**niedrig**	**mittel**	**hoch**	**katastrophal**	**€**
Was passiert, wenn falsche Daten vorliegen oder diese verändert werden? - Wie stark werden Abläufe in der Firma behindert? - Droht ein Image-Schaden und mit welchen Folgen wäre er verbunden? - Kann dieser Vorfall finanzielle Auswirkungen haben und falls ja, in welcher Höhe?	einzelne E-Mails intern					
	einzelne E-Mails extern					
	Applik. auf mob. System und Endgeräten					
	Wichtiger Applikationen (zufällig)					
	Wichtiger Applikationen (gezielte, systematische Manipulation)					
	Wichtiger Applikationen (Fehlerfortpflanzung)					

Ergänzende Fragen:

Gegen welche Gesetze oder Vorschriften wird verstoßen?
Welche rechtlichen Konsequenzen oder Sanktionen
können mit dem Vorfall verbunden sein?

Droht ein Image-Schaden und mit welchen Folgen wäre er
verbunden?

Gibt es Personen, deren informationelles
Selbstbestimmungsrecht beeinträchtigt wird? Wenn ja, mit
welchen Folgen?

Vertraulichkeit	System / Prozess…	Auswirkung auf die Geschäftsprozesse / Unternehmen				Kosten
Fragen	**Ausprägungen**	niedrig	mittel	hoch	katastrophal	€
Was passiert, bei Einsicht unbefugter Dritter? - Droht ein Image-Schaden und mit welchen Folgen wäre er verbunden? - Kann dieser Vorfall finanzielle Auswirkungen haben und falls ja, in welcher Höhe?	Einzelne E-Mails intern/extern					
	Applikationen auf mobilen System und Endgeräten					
	Einer wichtigen Applikation					
	Eines Servers (inkl. defekter Hardware)					
	Zentraler Datenträger (Storage, Back-up, etc.)					
	Eines Archivs (elektronisch / optisch)					

Ergänzende Fragen:

Gegen welche Gesetze oder Vorschriften wird verstoßen? Welche rechtlichen Konsequenzen oder Sanktionen können mit dem Vorfall verbunden sein?

Droht ein Image-Schaden und mit welchen Folgen wäre er verbunden?

Gibt es Personen, deren informationelles Selbstbestimmungsrecht beeinträchtigt wird? Wenn ja, mit welchen Folgen?

Literatur

Baur, A. (2014). *IT-Turnaround, Managementleitfaden zur Restrukturierung der IT.* München: Hanser.

Büchler, R. P., & Mangiapane, M. (2014). *Modernes IT-Management: Methodische Kombination von IT-Strategie und IT-Reifegradmodell.* Wiesbaden: Springer.

Buxton, I. (2015). Gesamtstrategie erfordert interdisziplinäre Teams, Video-Interview Strategien der Digitalisierung. CIO Magazin, 18.03.2015. http://www.cio.de/a/gesamtstrategie-erfordert-interdisziplinaere-teams,3104966. Zugegriffen: 18. Febr. 2016.

Fritzges, B. (2015). „Wenn sie einen Scheißprozess digitalisieren, dann haben sie einen scheiß digitalen Prozess." http://pregas.de/allgemein/item/wenn-sie-einen-scheissprozess-digitalisieren-dann-haben-sie-einen-scheiss-digitalen-prozess/. 07.12.2015. Zugegriffen: 24. Okt. 2016.

Gadatsch, A. (2015). *Geschäftsprozesse analysieren und optimieren.* Wiesbaden: Springer.

Gadatsch, A. (2016). Die Möglichkeiten von Big Data voll ausschöpfen. *Controlling & Management Review, Sonderheft, 2016*(1), 62–66.

Gadatsch, A., Komus, A., & Mendling, J. (2016). BPM-Compass 2016, Eine wissenschaftliche Studie der Hochschule Koblenz, Hochschule Bonn-Rhein-Sieg und der Wirtschaftsuniversität Wien in Zusammenarbeit mit der Gesellschaft für Prozessmanagement e. V., Koblenz, Bonn-Rhein-Sieg, Wien, Juli 2016 (www.project-and-process.net/BPM-Compass).

Gartner. (Hrsg.). (2015). Gartner Says Bimodal IT Projects Require New Project Management Styles, An Outcome-Centered Approach Will Bridge the Gap Between 'Slow' and 'Fast' IT, Analysts Will Explore Bimodal Projects at the Gartner PPM & IT Governance Summits 2015 in Grapevine, Texas on June 1-3 and in London, U.K. on June 8-9, STAMFORD, Conn., April 23. http://www.gartner.com/newsroom/id/3036017. Zugegriffen: 29. Febr. 2016.

Klostermeier, J. (2015). Kollatz zu Alcoa, Bogdanski neuer CIO bei Lufthansa. CIO-Magazin, 29.05.2015. http://www.cio.de/a/bogdanski-neuer-cio-bei-lufthansa,3109572?tap=e76debe9672f8a078de6f2e363a79f1c&r=564632576256099&lid=425629&pm_ln=33. Zugegriffen: 10. Juni 2015.

Komus, A., Gadatsch, A., & Kuberg, M. (2016). 3. IT-Radar für BPM und ERP, Ergebnisbericht mit Zusatzauswertungen für Studienteilnehmer, Koblenz und Sankt Augustin, 1 Quartal 2016.

© Springer Fachmedien Wiesbaden GmbH 2017

A. Gadatsch und M. Mangiapane, *IT-Sicherheit,* essentials,

DOI 10.1007/978-3-658-17713-3

Lixenfeld, C. (2016). Digitalisierung leider keine Chefsache. CIO Magazin, 17.02.2016. http://www.cio.de/a/digitalisierung-leider-keine-chefsache,3253712?utm_source=twitterfeed&utm_medium=twitter. Zugegriffen: 18. Febr. 2016.

Scheer, A.-W. (2016). Thesen zur Digitalisierung. In F. Abolhassan (Hrsg.), *Was treibt die Digitalisierung, Warum an der Cloud kein Weg vorbeiführt* (S. 49–60). Wiesbaden: Springer Fachmedien.

World Economic Forum. (2016). The Future of Jobs Employment, Skills and Workforce Strategy for the Fourth Industrial Revolution, January 2016, Cologny/Geneva. http://www3.weforum.org/docs/WEF_FOJ_Executive_Summary_Jobs.pdf. Zugegriffen: 2. März 2016.

Zeitler, N. (2013). Bedarf an Fachkräften wächst, Die drei Typen der Big-Data Experten. *CIO Magazin, 5,* 35–36.